DIXIÈME PROCÈS

DE LA

GAZETTE DU MIDI.

PLAIDOYERS

DE

Mes D'ALPHÉRAN ET DE LABOULIE,

Avocats à la Cour Royale d'Aix.

AFFAIRE ROSTAND.

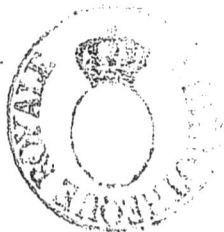

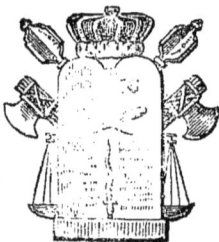

Marseille,

AU BUREAU DE LA GAZETTE DU MIDI,

RUE LATÉRALE DU COURS, N° 4.

1831

Plaidoyer

DE Me D'ALPHÉRAN,

DÉFENSEUR DE M. OLIVE.

Messieurs les jurés,

La liberté de la presse, comme toute autre chose au monde, a ses *lieux communs de morale publique* que chacun, au gré de l'intérêt qu'il poursuit, s'efforce de réchauffer, d'embellir par les efforts plus ou moins heureux de son éloquence.

C'est ainsi que le ministère public et la partie civile, réunissant leurs communs efforts contre nous, vous ont dit que pour obtenir plus de respect et d'empire à cette précieuse liberté, il fallait sévèrement punir la licence, sa plus cruelle ennemie.

Pour leur répondre je n'aurai pas la témérité de rechercher des paroles aussi brillantes que les leurs, mon impuissance ne saurait me le permettre; mais votre indépendance donnera de l'élan à mes justes pensées et saura les porter jusqu'au but où la justice a droit d'atteindre.

A mon tour, donc, je puis vous dire que comme il est souvent difficile de distinguer la ligne étroite qui sépare le droit de l'abus, il est préférable mille fois encore de s'exposer à laisser impunie une attaque personnelle et de pur intérêt privé, plutôt que d'encourir seulement le soupçon de pouvoir porter la plus légère atteinte au principe en lui-même, base première des institutions sous lesquelles nous vivons et l'une des garanties les plus sûres de nos libertés publiques.

En politique, en effet, que devient l'intérêt d'un homme en présence de la chose publique? Disons plus : un citoyen comprend mal ses droits s'il les met en balance avec les besoins généraux de la société; un organe du gouvernement rattache à celui-ci peu de popularité, s'il multiplie des accusations du genre de celle qui vous occupe.

Ainsi, messieurs, et le ministère public, et la partie civile, et nous-mêmes et tous enfin, nous aurons eu raison; tous nous nous serons appuyés sur des axiomes vrais en législation comme en politique, et cependant qu'aurons nous fait d'utile pour la cause? quel résultat nous promettait la discussion portée sur un semblable terrain? Aucun, messieurs, aucun, si ce n'est cette conséquence inévitable et désolante que nous trouvons comme la fin de toutes nos humaines pensées, que rien pour l'homme n'est d'une absolue vérité que sa faiblesse et les passions auxquelles il obéit.

C'est vous dire, messieurs, que nos adversaires n'ont encore rien trouvé de favorable à leur accusation dans des considérations qui ne naissent pas de la cause elle-même, qu'ils ont vainement cherché des armes dans des principes trop généraux et trop vagues, et qu'ils nous doivent tout, tant qu'ils ne prouveront pas directement et rigoureusement (car ils sont accusateurs) que nous avons sciemment calomnié et diffamé M. Rostand.

Nous serons, messieurs les jurés, économes de vos momens et de l'attention que vous daignez nous prêter autant qu'il nous sera possible; et c'est dans cet objet que nous essaierons de ramener la discussion à ses véritables termes.

Toutefois, en commençant, permettez-moi de vous faire part de ma première réflexion : elle ne saurait être étrangère à la cause, et, si j'en juge par mes sensations, elle a dû porter dans bien des esprits un vif étonnement.

L'écrit imprimé le 5 juillet, dans l'après-midi, est saisi d'abord sur l'ordre de M. Rostand ; mais bientôt ce magistrat reconnaît sans doute qu'il ne contenait rien d'offensant pour lui et rien que de légal dans la circonstance ; il rétracte l'ordre de saisie et permet la libre distribution de cet écrit.

Plus de trois semaines s'écoulent, et le 1er août seulement M. Rostand semble se réveiller et porte plainte à M. le procureur-général contre cet écrit, qui n'est qu'*un pamphlet renfermant les outrages les plus violens, les imputations les plus calomnieuses.*

Mais quelque chose assurément, depuis le 5 juillet, vient d'exciter le courroux de M. Rostand et de lasser sa longanime générosité. Oui, messieurs, c'est l'inévitable, la harcelante *Gazette du Midi* qui a osé dire que l'écrit n'avait rien de coupable et qu'elle le prouverait ; aussi cette nouvelle tentative devient-elle aussitôt le signal de l'attaque, et la *Gazette du Midi* figure elle-même dans la plainte comme complice.

A peine ce premier acte de poursuite est-il connu, que le sieur Barras se déclare l'auteur de l'écrit et seul veut accepter toute la responsabilité qui peut en sortir. Dès le 3 août il publie par les journaux son intention et demande sa mise en cause ; il s'adresse à la partie civile et à M. le procureur-général, à celui-ci hors de l'audience et à l'audience même où l'affaire fut appelée : quelle réponse reçoit-il ?

M. Rostand, partie civile, qui disait dans la plainte

vouloir *appeler les rigueurs de la loi sur les auteurs de l'écrit si l'on parvenait à les connaître,* repousse maintenant le sieur Barras, et par ce motif, que je veux m'abstenir de qualifier, que le sieur Barras est un homme sans consistance à Marseille, sans responsabilité politique, et contre lequel deviendraient vaines toutes adjudications de dommages-intérêts.

Et aujourd'hui, vous venez d'entendre ce même M. Rostand non pas seulement éloigner le sieur Barras comme un adversaire inutile pour lui, mais l'attaquer sans mesure et chercher à le flétrir de déconsidération et de mépris. Je n'ai pas la tâche de défendre le sieur Barras, mais il est absent, il est absent par votre volonté, et à ce titre seul il me semble qu'il eût été plus digne de votre caractère, M. Rostand, de vous imposer au moins du silence à son égard.

Pour le ministère public, il ne nous répond que par cette phrase laconique : *je ne connais pas l'auteur de l'écrit et ne veux pas le connaître.*

De ces faits, l'orateur conclut que le véritable but du procès n'est pas celui qu'on lui a publiquement assigné, et qu'on veut étouffer un organe courageux et libre qui ose exprimer librement des vérités quelquefois offensantes.

Cependant le gouvernement né de juillet nous promettait des jours filés d'or et de soie ; nation régénérée, les abus avaient tous disparu sous la colère du peuple : l'homme affranchi semblait devoir rendre les élémens eux-mêmes soumis à sa volonté ; nous allions presque nous trouver embarrassés d'un bagage trop lourd de bonheur et de prospérités de tout genre ; et, comme gage assuré de nos droits reconquis, le premier des articles inscrits à la charte nouvelle fut : *liberté de la presse, plus de censure possible.*

Aussi cette promesse a-t-elle été grandement et libéralement remplie : nous ne défendons aujourd'hui que le 228e des procès de la presse nés depuis 15 mois,

quand la restauration si ombrageuse et si tyrannique
n'en eut pas la moitié de ce nombre en 15 ans.

L'orateur, abordant la question de la responsabilité des imprimeurs, cite le texte de la loi qui ne permet de les admettre en cause
que lorsqu'ils ont agi *sciemment*, c'est-à-dire en connaissant toute
l'étendue du délit; et cette circonstance difficile à prouver ne doit
être admise dans la loi que dans des cas très rares. Quand un auteur
se nomme ou qu'il est prêt à se nommer, comme dans l'affaire
actuelle, il y a présomption que l'imprimeur n'a plus rien observé
ni rien censuré. Or, c'est au demandeur à prouver son accusation,
parce que, dans la législation et surtout dans la législation crimi-
nelle, la bonne foi et l'innocence sont de droit commun et doivent
toujours se présumer jusqu'à la preuve contraire.

L'orateur donne lecture d'un passage de la défense du journal
Mayeux qui peint avec beaucoup de justesse et de talent l'impos-
sibilité matérielle où se trouve un imprimeur de lire les manuscrits
qu'on lui apporte et surtout de les apprécier.

Rendez toujours les imprimeurs responsables,
s'écrie M. d'Alphéran après cette lecture, et vous
aurez par un chemin détourné la censure et une censure sans garantie, quelquefois sans lumières et toujours sans indépendance, parce qu'elle n'aura jamais
que les larges et tremblans ciseaux de la peur.

M. Benjamin Constant, le 16 avril 1819, récla-
mant pour les imprimeurs une impunité absolue,
disait à la chambre des députés : Prétendre donner
la liberté de la presse et enchaîner le mouvement de
l'instrument de la presse, c'est nous dire de labourer
sans charrue, de naviguer sans vaisseau.

L'orateur, rentrant dans la cause, prouve que le sieur Olive,
malade à l'époque où l'écrit fut publié, n'a pu le connaître; que la
circonstance des élections exigeait une rapidité qui ne laissait pas le
temps de l'examiner, et que cet examen eût-il eu lieu, la diffamation
prétendue n'était pas si facile à trouver dans cet écrit, puisqu'il a
fallu tout l'intérêt, toute la tardive susceptibilité de M. Rostand
pour l'y apercevoir.

Un ex-avocat-général, M. de Broé, portant la parole dans une affaire de ce genre, et dans un temps

où l'on prétendait que le gouvernement suivait moins les prescriptions de la loi que les inspirations de son absolutisme, disait :

« Deux conditions sont nécessaires pour constituer la complicité : l'aide et l'assistance matérielle, *la connaissance de ce que l'ouvrage contient de criminel. Si l'une de ces conditions manque, l'individu prévenu de complicité doit être déclaré non coupable.* Ici il y a de la part du libraire aide, assistance matérielle, mais y a-t-il connaissance? Voilà la question, et la solution dépend de cette autre : Pensez-vous que le libraire ait lu le livre? IL A PU NE PAS LE LIRE, ET CELA SUFFIT. »

Et cette autorité, passant de l'époque d'alors à celle d'aujourd'hui, devient d'autant plus solide et irrécusable qu'elle est plus généreuse, et que depuis, devenus géants d'indépendance et de générosité, nous ne voudrions sans doute sur rien de semblable nous avouer vaincus.

Vous venez d'entendre ces mots : *Il a pu ne pas le lire, et cela suffit!* Ils sont seuls notre défense et la plus victorieuse.

Mais je veux aller plus loin : il faut édifier la justice et prouver que le sieur Olive eût-il agi *sciemment*, il n'existe pas de délit, et que, par suite, aucune peine comme aucuns dommages-intérêts ne sont possibles.

Et pour me faire un champ plus libre à cette discussion, je veux, dès l'abord, la débarrasser de tout l'entourage dont la partie civile a cru donner quelque appui à sa faible accusation.

J'établirai ensuite pour la presse la nécessité d'une liberté plus grande au moment des élections et dans l'intérêt même de bonnes élections.

Je demanderai au texte même de la loi ce qu'en

cette matière il rend punissable, ce qu'il permet et ce qu'il excuse.

Enfin j'appellerai votre attention sur chacune des pensées, sur chacune des expressions incriminées dans l'écrit dont nous devons compte à la justice.

L'orateur, après avoir déclaré que la Gazette *n'a jamais prétendu attaquer M. Rostand dans sa vie privée, ajoute :*

Pour son éloge politique et constitutionnel, celui-ci pas plus que l'autre nous n'aurons la volonté de le répudier ; il est au contraire l'un des principaux moyens sur lesquels nous voulons nous appuyer. Oui, c'est parce que M. Rostand est constitutionnel, parce qu'il s'est montré tel et devoué à l'état de choses actuel, que nous avons dit aux royalistes qu'il ne pouvait pas être leur candidat.

Si c'est une faute, nous en sommes coupables.

Mais si la loi protège les opinions, si elle en permet la libre manifestation, si elle appelle sur les élections la liberté la plus absolue de suffrages, comment voudrait-on nous punir de n'avoir fait, dans la ligne de nos droits, je dirai plus, dans celle de nos devoirs, que ce que la loi permet?

Nos devoirs, car le gouvernement d'aujourd'hui n'existe que par le vœu de la majorité : que cette majorité change de volonté, et l'état doit changer d'institutions.

On ajoute que notre attaque est d'autant plus coupable, que M. Rostand n'a jamais montré partout que la modération la plus grande.

Peut-être à cet égard pourrons-nous prouver qu'il ne s'est pas toujours tenu dans cette juste ligne, et cette preuve suffirait à nous justifier si notre censure pouvait avoir eu quelque chose de trop amer.

Un fonctionnaire public à Marseille, placé sur une ligne plus élevée encore que lui, ne recueille-t-il pas les remercîmens de tous les citoyens honnêtes, par sa conduite sage, prudente et modérée? à tel point, que les perturbateurs partisans d'un mouvement extrême l'accusent de trahir la cause à laquelle il doit son élévation. Semblables plaintes se sont-elles jamais élevées contre M. Rostand ? C'est donc que, sans être mauvais citoyen et administrateur partial, on peut avoir plus de mesure, plus de réserve et de modération que n'en a montré M. Rostand.

On sent la nécessité d'expliquer la dénonciation tardive de M. Rostand contre nous, et l'on dit qu'il ne s'est plaint si tard que dans la crainte que, candidat à la députation, on ne l'accusât de se servir de son influence comme moyen de succès.

Cette explication n'est que captieuse, et des dates vont le justifier.

L'écrit fut publié le 5 juillet.

Les élections furent terminées ou plutôt les opérations du collége furent impossibles à continuer dès le lendemain 6.

La dénonciation de M. Rostand n'est qu'à la date du 1er août !

Depuis trois semaines au moins ses scrupules de candidat avaient donc cessé ; ce ne sont donc pas ces scrupules qui, après le 6 juillet, arrêtèrent ses plaintes.

Me d'Alphéran prouve que, dans aucune hypothèse, M. Rostand ne saurait prétendre aux honneurs de la générosité; car, si l'écrit électoral était en effet diffamatoire, il était de son honneur comme candidat de se laver sur-le-champ de son imputation, et si tout le mal était dans quelques expressions, il aurait mis le tort du côté de l'auteur de l'écrit en gardant le silence.

Mais non, c'est après trois semaines d'inaction que M. Rostand adresse sa plainte au ministère public ; il y comprend la *Gazette du Midi* comme complice. Le sieur Barras se fait connaître et il est écarté. Que-

M. Rostand consulte ses sentimens de justice et de
modération, et qu'il nous dise si sa plainte tardive,
si les complices qu'il nous prête, si l'auteur principal écarté avec une insistance incompréhensible, ne
nous donnent pas le droit, ne le donnent pas à tout
homme raisonnable, de penser qu'il veut ou qu'on
veut, se servant de son nom, obtenir plus qu'une
satisfaction personnelle, et, qu'il nous permette d'a-
jouter, une satisfaction qui ne sera jamais que bien
peu consolante pour lui.

Mais on dit : le sieur Olive n'est autre que le véritable propriétaire de la *Gazette du Midi*, et sous ce
rapport, doublement coupable à l'égard de M. Rostand, il encourt une double responsabilité.

Eh bien! qui ne voit là la confirmation la plus
positive de nos soupçons, l'aveu formel sorti de la
bouche de notre adversaire lui-même, que la condamnation doit frapper la *Gazette*, que c'est elle,
elle seule, elle directement qu'on poursuit, elle,
disons le mot, qu'on veut étouffer sous le poids de
condamnations pécuniaires?

L'orateur fait sentir l'odieux et le ridicule de la solidarité qu'on
veut établir entre M. Olive imprimeur de l'écrit électoral, et ce
même Olive imprimeur de la *Gazette du Midi*. Ce sont là deux personnes distinctes aux yeux de la loi, et la culpabilité ou l'innocence
du sieur Olive dans une position ne peut avoir aucune influence
sur son innocence ou sur sa culpabilité dans l'autre.

Une accusation a été portée par le parti libéral; ne sachant comment justifier le crime du 6 juillet, il a voulu l'attribuer à l'indignation qu'avait excitée parmi les soi-disant constitutionnels l'apparition de l'écrit électoral du 5 : il faut détruire cette absurde accusation
et rétablir les faits.

L'écrit que vous poursuivez n'a été publié qu'au
sujet de l'élection et dans l'objet unique de désigner
à la candidature du collége du nord M. Berryer fils,
porté par l'opinion légitimiste; M. Berryer, si digne
à tant de titres de représenter des Français; M. Ber-

ryer, si justement honoré par ses adversaires eux-
mêmes, plus encore par la noblesse de son caractère que par l'immensité de son talent.

Eh bien ! déjà sous des plumes qui ne respectent
plus ni elles-mêmes, ni l'opinion dont elles se font
les appuis, déjà dans des journaux et des pamphlets
le nom de M. Berryer, avant que nous entreprissions
son inutile éloge, avait été traîné *aux ruisseaux du*
chemin : courtisan, factieux, fanatique, en l'accab-
lant d'injures, on n'avait pas craint de le désigner
aux fureurs populaires comme un conspirateur dan-
gereux, comme un homme désirant à sa patrie les
malheurs de la guerre civile. Voici ce que nous lisons
dans *le Sémaphore* du 4 juillet : « La *Gazette* pro-
« pose des candidats dont tous les vœux doivent nous
« amener l'anarchie et la guerre civile ; car s'il exis-
« tait quelques chances pour le retour de la famille
« d'Holy-Rood, la guerre civile et la guerre étran-
« gère pourraient seules nous les offrir ; et aucun des
« trois candidats de la *Gazette* ne nous désavouera si
« nous disons que tous leurs regrets sont pour cette
« famille, tous leurs désirs pour son retour. »

Lors donc que le 5 juillet, combattant la candidature de M. Rostand pour lui préférer celle de M.
Berryer, nous nous sommes permis quelques expressions de blâme et de sévérité, provoqués nous-mêmes
outre mesure, nous n'avons fait qu'user d'une légi-
time représaille ; et si cette escarmouche électorale
peut avoir été pour quelque chose dans le crime du
lendemain (ce que personne ne peut raisonnable-
ment croire), la faute n'en doit-elle pas être à qui
fut l'agresseur, et l'agresseur mille fois plus violent
que nous ne l'avons été en repoussant l'attaque ?

Pour les promenades civiques avec la cocarde tricolore placée au sommet du chapeau en signe de plus
de mouvement que l'on désirait, elles avaient com-

mencé dès la matinée du 5, et le prétendu pamphlet n'a paru que dans l'après-midi de ce même jour ; il n'a donc pu provoquer ni les promenades ni les projets des promeneurs.

L'orateur établit qu'en temps d'élection la liberté de la presse doit être plus complète que dans tout autre temps ; et cela, parce que ce n'est que par ce moyen que les électeurs rassemblés par une circonstance extraordinaire peuvent être à même de savoir si celui qui se présente à leurs suffrages partage en effet les opinions, les vœux, les sentimens de ceux qu'il aspire à représenter. Il cite un discours de M. Bourdeau dans lequel cet orateur, s'indignant à la seule pensée de voir la presse électorale enchaînée, s'écrie : « Grace « à la police correctionnelle, le candidat à l'élection déploiera sa « robe blanche au forum sans que nul ose mettre le doigt sur la « tache. »

La loi de 1822 donnait au ministère la faculté d'établir la censure dans l'intervalle des sessions, mais cette faculté cessait de *droit* au moment de la dissolution ou du renouvellement intégral de la chambre ; pourquoi ? si ce n'est qu'on jugeait, même alors, sous un régime de censure, la liberté absolue de la presse inséparable du droit d'élection, et que cette liberté, condamnée comme dangereuse en tout temps et en toute chose, reconquérait à ce moment un empire impuni.

Ah ! certes, loin de moi la pensée de légitimer l'injure et la diffamation ; mais si cette injure, si cette diffamation même n'est que l'expression de la vérité, je dis qu'il faut que le candidat électoral la souffre ; pourquoi l'a-t-il méritée ? ou, s'il ne peut en supporter les atteintes, pourquoi vient-il volontairement au devant du peuple braver sa justice qui précède toujours sa confiance ?

Ainsi, voilà bien établi, par la nécessité même de nos institutions, que la liberté de la presse, utile aux peuples comme aux rois, doit être grande et large quand il s'agit des intérêts du corps social, et plus encore, pour ainsi dire, lorsque le peuple, ce troisième pouvoir dont les vœux et l'expression sont les plus difficiles à recueillir, cherche un mandataire qui le sache comprendre.

Maintenant un mot encore sur la loi qu'on veut nous appliquer, et j'aborderai ensuite la justification de chacun des termes de l'écrit inculpé. J'espère que trop de présomption ne m'aveugla jamais, mais j'ose me flatter, tant ma conviction est intime, qu'aux yeux de tout homme sans passions et par conséquent aux vôtres, cette justification sera complète; elle le sera d'autant plus, je m'en flatte du moins, que les préventions dont nous étions entourés sont tombées aujourd'hui et laisseront notre voix libre parvenir jusqu'à la justice même de ceux pour qui nous n'avons été long-temps que des coupables impunis.

Fixons-nous d'abord bien sur ce point de départ.

M. Rostand se plaint, non comme particulier, mais seulement comme dépositaire de l'autorité publique, et attaqué en cette qualité.

Comme particulier, nous dit-il, *je méprise les attaques que peuvent diriger contre moi les ennemis du gouvernement et du pays.*

Notre réponse, ici, pour ne pas paraître aussi généreuse, n'en sera que plus vraie.

Je défie qui que ce soit au monde, même l'esprit le plus prévenu, de trouver dans l'écrit inculpé un mot, un seul mot qui puisse être regardé comme une attaque personnelle contre M. Rostand, comme une pensée seulement d'investigation dans le moindre acte de sa vie privée.

Sur ce point donc nous n'avions que faire de son pardon, pour ne nous pas servir du terme de *mépris*.

La loi permet la censure des actes des ministres et, à plus forte raison, des agens inférieurs de l'administration. Cette censure ne

peut jamais être coupable tant qu'elle repose sur des faits véritables; reste donc à examiner si l'auteur de l'écrit a fait plus qu'il
n'avait le droit de le faire.

Mais ici je réclame non seulement toute votre attention, je vous prie encore d'oublier, s'il se peut,
cette accumulation d'épithètes accusatrices et passion-
nées que, dans ce qu'elle appelle son indignation, la
partie civile a cru pouvoir se permettre contre nous.
Où donc est cette inépuisable générosité dont elle
parle? où son désintéressement, son mépris pour l'injure, son respect pour le malheur? car un accusé fut
toujours malheureux.

Au reste, si c'est de l'indignation dans sa bouche,
votre justice s'en défendra. Pour moi, je ne parlerai
qu'à votre raison; je lui dois des preuves et je me fais
fort de les établir.

Le premier paragraphe de l'écrit inculpé est ainsi
conçu :

« Electeurs du nord,

« On vous a dit qu'il fallait que Marseille fût re-
« présentée, et un candidat qui s'offrait d'abord au
« collége du sud, repoussé dans ce collége et par l'o-
« pinion révolutionnaire et par l'opinion royaliste,
« vient inopinément et en désespoir de cause vous
« demander vos suffrages. »

Tout est invective dans ce paragraphe, nous a dit
l'adversaire, et sa préoccupation à trouver un coupable va si loin qu'il voit l'injure dans ce seul mot : *un
candidat qui* s'OFFRAIT. Eh quoi ! s'offrir comme candidat à la députation est donc un acte déshonorant,
si l'expression de ce fait est une injure? A ce compte,
que de gens en France seraient déshonorés ! la per-
manence des cours d'assises deviendrait insuffisante à
jamais les réhabiliter.

Mais, sur ce paragraphe, je réponds d'abord qu'il

n'est compris ni dans la plainte de M. Rostand, ni dans le réquisitoire du ministère public; que par conséquent, fût-il coupable mille fois autant qu'il est innocent, nous n'en devons point compte. Lisez l'art. 6 de la loi du 26 mai 1819, vous y verrez que la partie publique et le plaignant sont tenus *d'articuler et de qualifier* les attaques, offenses, outrages, faits diffamatoires ou injures, *à peine de nullité de la poursuite.* Mais qu'on ne pense pas que par de semblables moyens nous veuillions reculer devant la preuve que nous avons promise.

Repoussé par l'opinion révolutionnaire et par l'opinion royaliste : c'est dans ces mots sans doute qu'on veut trouver l'injure.

Mais, en premier lieu, avoir dit de M. Rostand qu'il était *repoussé par l'opinion royaliste,* ce n'est assurément pas l'avoir outragé; car, indépendamment de ce que le fait est vrai en lui-même, certainement M. Rostand candidat n'a jamais compté, n'a jamais dû compter sur le vote des royalistes.

Alors, refoulant ainsi de proche en proche l'injure, nous sommes forcés de ne plus la chercher que dans ces mots *repoussé par l'opinion révolutionnaire.*

Or, en fait, M. Rostand et M. Reynard étaient tous deux portés au collége du sud.

Sous tous les rapports M. Rostand valait assurément M. Reynard, et cependant ce dernier a été préféré; c'est donc que les constitutionnels ont porté M. Reynard et n'ont pas porté M. Rostand. M. Rostand a donc été *repoussé, écarté, mis de côté* (je cherche une expression plus douce, je ne la trouve pas) par les constitutionnels..... Je n'ai pas dit autre chose.

Mais, nous apprend aujourd'hui M. Rostand, j'avais des chances de succès au collége du sud, et si je me suis retiré c'est uniquement pour assurer l'élection de M. Reynard.

Nous répondrons encore : vous, M. Rostand, comme bon citoyen, comme homme éclairé, voulant le bien de la cité, vous ne le cédiez en rien à M. Reynard ; si donc vous vous êtes retiré, et cela sans renoncer à la députation (car vous veniez porter votre candidature dans un autre collége), c'est devant la majorité des électeurs du sud, autrement c'eût été M. Reynard qui qui vous eût cédé l'honneur de la préférence. La majorité fait la loi, il a donc été exact de dire que vous avez été *repoussé par l'opinion révolutionnaire*.

Vous m'avez donné l'exemple d'épiloguer sur les mots ; à mon tour alors je puis vous dire : je n'ai point parlé de l'opinion constitutionnelle à laquelle vous vous faites honneur d'appartenir, je n'ai nommé que *l'opinion révolutionnaire* ; c'est par elle que j'ai dit que vous aviez été repoussé, et vous n'appartenez pas à cette opinion ; vous ne voudrez jamais comme elle le renversement de l'état et le malheur de la patrie ; je ne vous ai donc point injurié en vous rendant la justice que tout honnête homme réclame.

Mais enfin, si vous voulez absolument n'avoir point été repoussé par les révolutionnaires ou par les constitutionnels, si vous ne vous êtes retiré que volontairement, ce n'est qu'aujourd'hui et de votre bouche que nous l'avons appris. Jusque là, jugeant le fait en lui-même et tel qu'il se présentait, vous voyant quitter inopinément un collége dans lequel vous étiez porté depuis long-temps, ne devions-nous donc pas croire que vous en étiez repoussé ? pouvions-nous donc croire autre chose ?.. . Nous n'étions pas dans le secret des dieux !

Le second paragraphe est celui-ci :

« Electeurs, ce n'est pas tout que d'être maire de « Marseille, marseillais même par sa naissance, si on « ne l'est pas de sentiment. Représenter une ville

2

« c'est répondre aux opinions de l'immense majorité
« de ses habitans; et vous vous rappelez tous avec
« quelle inconcevable imprudence M. Rostand a
« froissé, heurté, contristé l'opinion royaliste de
« Marseille. Ses actes administratifs, ses proclama-
« tions, ses allocutions dans les cérémonies publiques,
« tout porte un caractère d'hostilité à la véritable
« Marseille. »

Pour bien apprécier ce paragraphe, il faut se pla-
cer sous l'inspiration même de l'auteur et dans l'intention qui a dirigé sa plume.

On dit (car, comme défenseur, je veux m'imposer
la loi de ne blesser personne en exprimant mon opinion personnelle), on dit que depuis long-temps, que
depuis quarante ans la majorité des habitans de Marseille appartient à l'opinion légitimiste, appelée aussi
royaliste par opposition à celle qui prend le nom de
constitutionnelle.

C'est du moins sous l'influence de cette pensée do-
minante qu'a été rédigé l'écrit poursuivi : ne perdons
jamais de vue cette circonstance, elle est une des plus
importantes dans la cause.

L'écrit était adressé aux royalistes.

Il était dirigé contre M. Rostand, qu'on disait
avoir *heurté, froissé, contristé l'opinion royaliste.*

Et il avait pour but principal de faire préférer la
candidature de M. Berryer à celle de son compétiteur M. Rostand.

Maintenant, avec cette pensée de l'auteur, lisons
le paragraphe et il s'explique de lui-même. *Marseille, marseillais, sentimens de Marseille,* tout cela
ne veut plus dire que *royaliste, opinion, sentimens
royalistes,* et le paragraphe deviendra celui-ci :

« Electeurs, ce n'est pas tout que d'être maire de
Marseille, marseillais même par sa naissance, *si on*

n'est pas royaliste de sentiment. Représenter une ville c'est répondre aux opinions.... et vous vous rappelez avec quelle imprudence M. Rostand a *froissé, heurté, contristé l'opinion royaliste;* ses actes administratifs, ses arrêtés..... tout *porte un caractère d'hostilité à l'opinion royaliste.* »

On dit donc uniquement que M. Rostand n'est pas royaliste.

Est-ce une injure, est-ce surtout une diffamation?

Certes, il n'est pas royaliste M. Rostand, il tient sans doute à honneur et gloire de ne pas l'être; ce n'est pas comme royaliste qu'il a mérité la confiance du gouvernement. Cette qualification de royaliste, si on osait la lui donner dans l'acception employée par l'auteur, il la repousserait comme cruelle, comme contraire à ses opinions personnelles et à son dévouement nouveau; il la repousserait encore plus comme homme public. En cette qualité il eût voulu s'opposer, et il mettait et il devait mettre son devoir à s'opposer au triomphe du parti royaliste, si ce triomphe eût été menaçant.

Encore une fois donc, où est l'injure contre M. Rostand, si nous ne lui avons rendu que justice et telle exactement qu'il la réclame?

Seraient-ce les expressions dont nous nous sommes servis qui le blessent?

Froisser, heurter, contrister l'opinion royaliste, qu'est-ce autre chose que se rendre agréable à l'opinion constitutionnelle opposée?

Qu'est-ce *froisser?* c'est faire éprouver une sensation désagréable.

Qu'est-ce *heurter?* c'est faire, dire, penser contre.

Qu'est-ce *contrister?* c'est affliger, rendre triste.

Ainsi, nous avons dit que M. Rostand avait fait éprouver aux royalistes une sensation désagréable, qu'il avait parlé contre eux, qu'il avait affligé et

rendu triste leur opinion. Y a-t-il là rien de bien
violent et de bien coupable, rien que tout homme
franchement constitutionnel n'ait fait et avoué mille
fois dans sa carrière publique, sans même s'être peut-
être montré partial ni injuste? car les royalistes sont
exigeans quelquefois.

M. Rostand ne sera sans doute pas offensé de ces
mots *inconcevable imprudence,* car dire à quelqu'un
qu'il est *imprudent* ne fut jamais, que je sache, une
injure.

De plus, *imprudent,* dans la pensée de l'auteur
qui croit que les habitans de Marseille partagent en
majorité son opinion légitimiste, veut dire, en parlant politiquement à un candidat électoral : vous
avez eu tort de blesser les royalistes, vous avez fait
en cela une imprudence, puisque pour réussir à la
candidature vous avez besoin de leurs suffrages.

Pour le mot *hostile,* je ne pense pas que M. Rostand le trouve bien coupable; c'est aujourd'hui le
terme consacré pour désigner un homme dans l'opinion contraire à la nôtre, c'est un terme parlementaire même et avoué comme tel; nous n'avons pour
le prouver qu'à lire dans *le Sémaphore* du 7 juillet
cette phrase contre M. Berryer :

« Un passage de la lettre de M. Berryer à ses affidés
« ne permettait plus de douter que sa candidature
« était un véritable *acte d'hostilité* à la royauté de
« juillet, et que sa nomination serait le signal d'une
« révolution à Marseille. »

Et dans le discours de M. Reynard à la chambre
élective, discours où chacune des expressions a dû
être mûrement calculée sur toutes les convenances
parlementaires :

«Bientôt de la part des carlistes ce ne fut plus une
« question électorale, le libre usage d'un droit légal;

« ce fut une vraie tentative de guerre civile, une
« conspiration à l'abri de la loi. On se servit d'un
« nom que l'on représentait comme *ouvertement hos-*
« *tile* à la révolution de juillet; c'était comme un
« drapeau de révolte que l'on arborait contre le peu-
« ple libéral de Marseille. »

Mais, s'il ne faut rien négliger pour la défense
comme rien ne l'a été pour l'attaque, nous ferons
remarquer de plus qu'une partie de ce paragraphe
sur lequel nous discutons a déjà été écartée comme
innocente par la cour dans le premier arrêt de défaut
rendu au mois d'août dernier et qui portait notre
condamnation. Le premier considérant de cet arrêt
commence par ces mots :

« Attendu, en ce qui concerne Marius Olive, que
« l'imprimé dont il s'agit, depuis et inclus ces mots :
« *ses actes administratifs,* jusqu'à ceux-ci : *renferme*
« *l'imputation de faits portant atteinte à l'honneur*
« *et à la considération d'Alexis Rostand, maire de*
« *Marseille, etc.* »

Or, cet arrêt est pour nos accusateurs chose jugée ;
moi seul par mon opposition ai le droit d'en obtenir
le retrait favorable, sans que, le réformant contre
moi, l'on puisse aggraver la peine dont il m'avait
frappé, et de plus, l'autorité de la cour, qui alors
me jugeait coupable et me jugeait ainsi sans qu'elle
eût entendu ma défense, ne sera certainement point
perdue pour moi.

C'est donc sur ces mots seuls que doit porter notre
défense : *ses actes administratifs, ses arrêtés, ses
proclamations, ses allocutions dans les cérémonies
publiques, tout porte un caractère d'hostilité à la
véritable Marseille.*

Déjà nous l'avons dit, qu'on traduise ce membre
de phrase par la pensée de l'accusateur, substituant

à ces mots : *tout porte un caractère d'hostilité à la véritable Marseille,* ceux-ci : *tout porte un caractère d'hostilité à l'opinion royaliste,* et il ne peut plus exister même le prétexte, même le soupçon d'une injure.

Ah ! si Paris le savait, la susceptibilité de M. Rostand y paraîtrait bien étrange. Voyez en effet dans la capitale tout ce qu'on permet contre un fonctionnaire, tout ce qu'il souffre et dont il *ne s'indigne pas.* A juger la différence, il semblerait vraiment que nous ne comprenons pas notre époque, que la province est demeurée stationnaire devant la marche si rapide des choses, et que notre vieille terre de Provence, plus loin du soleil, n'en reçoit que trop tard les rayons réparateurs. L'on sait à Paris ce que nous ignorons encore apparemment, que la carrière publique est épineuse, qu'elle est semée d'écueils, qu'elle arme le mécontentement et la malignité, qu'il faut savoir souffrir leurs atteintes, que la puissance et la fortune sont à ce prix : elles valent bien quelque chose.

Mais je n'ai pas promis seulement de prouver qu'il n'y a dans l'écrit ni diffamation ni injure, je veux justifier encore la vérité de tous les faits qui y sont avancés.

Je dois donc établir que M. Rostand, dans ses actes administratifs (je n'ai pas parlé de ceux-là), a en effet constristé l'opinion royaliste, qu'il s'y est montré hostile. Remarquez que je n'accuse point encore ses actes, justes ou non; je ne m'en sers que comme faits justificatifs de mon assertion.

Le 30 août M. Rostand a fait afficher dans la ville de Marseille la proclamation suivante :

« Marseillais,

« Quelques *hommes coupables* cherchent à troubler

« la tranquillité dont nous jouissons, et *répandent*
« *des bruits sinistres.*

« Instrument d'une faction qui n'a d'espoir que
« *dans l'asservissement et le malheur de notre patrie,*
« ils propagent des nouvelles absurdes *dans le but*
« *d'inquiéter* une population laborieuse et de l'ar-
« racher à ses paisibles travaux.

« Le bon sens public a fait justice de ces *honteuses*
« *machinations*; les citoyens eux-mêmes livrent les
« coupables à l'autorité. Justice sera faite. »

Je le demande : quels sont *ces hommes coupables*
qui pour troubler la tranquillité publique répandent
des bruits sinistres, qui veulent *l'asservissement et
le malheur de la France?* Que M. Rostand nous ré-
ponde, nous faisons un appel à sa bonne foi : ne sont-
ce pas les légitimistes seuls dont il a voulu parler?

(Ici M. Rostand répond à haute voix : *Oui, je ne
désavoue aucun de mes actes.*)

Vous l'entendez, messieurs, ce sont les légitimistes,
les royalistes à qui M. Rostand prête des *complots sinistres,* qu'il désigne comme voulant *l'asservissement
et le malheur de la patrie.* Il a donc traité les royalistes en hommes *hostiles,* en ennemis; il a donc *contristé* leur opinion, il a donc fait, il l'avoue, tout ce
que nous lui prêtons : n'a-t-il pas fait davantage?

Lisons encore l'ordre du jour qu'il fit le 27 décembre suivant :

« Les criminels projets que *les ennemis de notre
« tranquillité* avaient osé concevoir et préparer à Mar-
« seille et dans la capitale ont complètement échoué,
« ici comme ailleurs, dans la nuit du 24 au 25 de ce
« mois. En vain *une poignée de malveillans,* aidés de
« quelques fanatiques, s'étaient promis de réaliser,
« dans l'ombre et les ténèbres dont ils aiment à se
« couvrir, *des complots funestes* qui depuis cinq mois

« sont devenus comme leur idée fixe. L'épreuve déci-
« sive dans laquelle ils avaient placé leurs espérances
« dernières n'aura produit pour eux *que de la honte :*
« puisse-t-elle aussi leur avoir inspiré du repentir ! »

Sans contredit, ce sont encore les royalistes que
M. Rostand signale , et il les montre comme *les ennemis de la tranquillité publique ,* comme des *fanatiques ,* des *artisans de funestes complots ;* et M.
Rostand se plaint quand nous lui disons qu'il a contristé cette opinion royaliste , qu'il l'a *froissée ,
heurtée ,* qu'il s'y est montré *hostile !...* Ah ! permettez-moi une expression triviale , mais qui peint bien
notre position : ne nous serait-il pas permis de crier
lorsqu'on nous écorche ?

Ici , vous le voyez , il ne s'agit que des actes administratifs faits par M. Rostand; si je les censure et les
blâme , c'est en eux-mêmes et dans leurs termes. Je
n'accuse pas l'intention de M. Rostand; si je l'apprécie
cette intention , c'est sous le rapport politique seulement.

Le blâme donc que j'ai pu me permettre à cet
égard n'est pas et ne peut être un outrage pour
M. Rostand ; et ce blâme dans ma bouche est si loin
d'un outrage (c'est-à-dire *d'une injure avec excès de
violence*), qu'en blâmant l'administration de M. Rostand je me borne à la taxer *d'imprudence.*

Passons au paragraphe 3. :

« Quand la plus profonde tranquillité règne dans
« notre ville, c'est lui qui nous prête des conspira-
« tions. »

Arrêtons-nous à ce premier membre de phrase et
prouvons la vérité de l'assertion. Contre un fonctionnaire public la preuve est recevable, et faite elle ne
permet plus aucune peine pour une injure, même
pour un fait qui aurait les couleurs de la diffamation.

Or, M. Rostand a publié que les royalistes étaient des *conspirateurs :* relisons en effet sa proclamation faite le 30 août à la suite de celle du général Delort, nous y verrons que les royalistes y sont dépeints comme des *hommes coupables qui cherchent à troubler la tranquillité* publique ; qu'instrumens *d'une faction* qui veut *l'asservissement et le malheur de la patrie, ils propagent des bruits sinistres.* Or, ceux qui veulent ainsi le trouble, le malheur et l'asservissement de la patrie, qui agissent pour les amener, sont certainement des *conspirateurs* et des conspirateurs bien coupables ; et M. Rostand l'a dit des royalistes, il a donc *prêté des conspirations* aux royalistes. Rappelons aussi l'ordre du jour du 27 décembre, il est plus accusateur encore : ici, la conspiration est flagrante, les royalistes *ennemis de notre tranquillité* allaient réaliser *leurs funestes complots.* Ici encore M. Rostand a donc incontestablement prêté des conspirations aux royalistes.

Nous ajoutons qu'il les leur a prêtées *quand la plus parfaite tranquillité* régnait dans Marseille. Nous allons l'établir par la plus forte preuve, par la notoriété publique : interrogez vos souvenirs, vous tous qui étiez à Marseille à ces époques, et dites-nous si vous vous êtes doutés de quelque chose, si vous avez vu la moindre apparence de ces conspirations autre part que dans les ordres du jour de M. Rostand ?

M. Rostand nous annonçait que *les citoyens livraient les coupables à l'autorité et que justice serait faite,* et cependant, ni en août ni en décembre, les prisons ne se sont fermées sur aucun citoyen, aucun n'a été poursuivi ; pas un seul procès-verbal n'a été dressé, pas un prévenu, pas un accusé n'ont paru ni devant la police correctionnelle ni devant la cour d'assises ; pas la moindre provocation, pas la plus légère rixe à ces époques. Il n'y avait donc pas de conspirateurs, ou M.

Rostand seul possédait leur secret; il n'y avait donc pas de *criminels complots*. M. Rostand nous a donc prêté des conspirations *quand le plus grand calme régnait dans Marseille :* donc, en le disant, nous n'avons dit que la vérité, et la vérité contre un fonctionnaire, nous le répéterons à satiété, ne porte point d'offense punissable.

Arrivons à la deuxième partie de ce paragraphe :

« Et quand, accablé par la vérité qui éclate de
« toutes parts, il se trouve forcé de reconnaître les
« sentimens d'ordre et de paix qui n'ont jamais cessé
« de nous animer, lui marseillais, lui maire de notre
« cité, il fait hommage de ces sentimens à la force
« armée !... »

Ici où est l'injure, où est la diffamation ?

Il y en aura bien moins encore quand nous aurons justifié le fait.

Au mois de mars dernier une revue de garde nationale eut lieu au Pharo, et dans le discours de M. le préfet nous trouvons cette phrase :

« La ville de Marseille *jouit de la plus grande
« tranquillité;* elle peut servir d'exemple aux autres
« cités du royaume : elle doit ce bienfait au bon
« esprit de ses habitans. »

Mais M. Rostand, à cette même revue, prit aussi la parole et nous dit :

« C'est à la fermeté de nos braves généraux et du
« premier magistrat de ce département, c'est au zèle
« et au dévouement de la garde nationale et de ses
« chefs *que Marseille est redevable du calme et de la
« tranquillité dont elle jouit, et qui la fait considérer
« comme la ville-modèle.* »

M. Rostand reconnut donc à cette époque, postérieure à août et décembre, que le calme n'avait *cessé de régner dans Marseille,* et il fit hommage de cette tranquillité *aux premières autorités du pays et à la garde nationale*, c'est-à-dire à la force armée. Si nous l'en avons blâmé, c'est en faisant entendre qu'il eût pu, comme le préfet, qu'il eût dû sans doute en faire hommage aussi à tous les habitans. Mais qu'il ait la bonté de nous expliquer une injure possible contre lui dans une phrase empruntée à lui-même; jusque là j'avoue que je n'en conçois pas la possibilité.

J'arrive au paragraphe 4 : c'est un de ceux sur lesquels la partie civile a le plus insisté, c'est un de ceux qu'elle vous a signalés comme le plus injurieux et le plus diffamatoire; mais elle ne l'a pas compris ou sciemment n'a pas voulu le comprendre; il porte :

« Une semblable conduite n'est pas marseillaise,
« et un nom aussi hostile, s'il pouvait jamais sortir
« de l'urne électorale, serait une cruelle injure. »

Arrêtons-nous à ces mots :

Une semblable conduite n'est pas marseillaise, nous savons maintenant qu'il faut lire : *n'est pas royaliste*. Or, M. Rostand en convient, il n'a jamais voulu passer pour royaliste, ni rien faire qui fût conforme aux vœux des royalistes; il convient qu'il s'est montré, qu'il a voulu se montrer hostile à leur opinion, à leurs personnes : qu'il ne nous impute donc pas à tort d'avoir dit que sa conduite n'était pas royaliste.

Un nom *aussi hostile*, à qui? ce n'est pas assurément aux constitutionnels, dont M. Rostand était le candidat; c'était donc aux royalistes et ce ne pouvait être qu'à eux. Complétons donc la pensée de l'auteur en ajoutant : *un nom aussi hostile aux royalistes*, et alors, si déjà nous avons prouvé que les actes de M. Rostand ont été hostiles aux royalistes, son nom, comme candidat, devait porter aux yeux des royalistes le même caractère d'hostilité; et l'auteur l'a dit, et M. Rostand serait certainement mal reçu à s'en plaindre.

Serait une cruelle injure, pour qui encore?

Non pas évidemment pour les constitutionnels, évidemment pour les royalistes :

Parce que, d'une part, M. Rostand n'appartient pas à l'opinion royaliste;

Parce qu'en second lieu, les royalistes s'étaient fait une loi d'honneur de ne porter à la députation qu'un des leurs, qu'ils n'avaient accepté les rigueurs du serment qu'à cette condition, et que, par conséquent, on eût eu le droit de les couvrir de ridicule et de mépris, si, en majorité qu'ils étaient, ils eussent fait un choix qui n'eût pas été l'expression de leur véritable opinion politique.

Si donc le nom de M. Rostand fût sorti de l'urne électorale, les royalistes qui l'auraient porté se seraient fait une cruelle injure en manquant à leur foi. M. Rostand, qui nous a repoussés si souvent, est-il fondé à se plaindre aujourd'hui qu'à notre tour nous l'ayons repoussé, et lorsqu'il s'agissait de déférer le plus grand honneur politique, le plus beau titre de confiance publique?

Le sens de la phrase ne peut donc être complet qu'en lisant : *le nom de M. Rostand serait une cruelle injure pour les royalistes.*

Or, encore là aucun outrage contre M. Rostand, qui ne réclame point asile dans leur camp.

Le paragraphe continue en ces termes :

« Il (le nom de M. Rostand sorti de l'urne) de-
« viendrait le signal de vexations nombreuses; car
« une ville qui s'abandonnerait ainsi dans son hon-
« neur donnerait la mesure de tout ce qu'on peut
« tenter impunément contre elle. »

Il n'y a ici qu'une seule expression dans laquelle

M. Rostand ait pu songer un moment à trouver l'apparence d'une injure, c'est celle-ci : *une ville qui s'abandonnerait ainsi dans son honneur*. Mais une ville veut dire *les royalistes qui s'abandonneraient ainsi dans leur honneur*, c'est-à-dire, qui trahiraient leur devoir de royalistes en ne nommant pas un royaliste, en prouvant qu'en majorité au collége ils préféreraient répudier leur opinion politique et complaire au pouvoir.

Traduisons donc la phrase incriminée par celle-ci : *une nomination libérale par des royalistes donnerait le signal de vexations nombreuses; car les royalistes qui trahiraient ainsi leur devoir de royalistes donneraient la mesure,* etc.

Et ainsi la phrase devient tout-à-fait étrangère à M. Rostand, car ce n'est pas lui dont nous redoutions les vexations; la pensée de l'auteur ne s'appliquait qu'aux mesures exceptionnelles que les légitimistes pouvaient craindre d'un parti extrême dans le gouvernement, si celui-ci les voyait s'isolant, craintifs, sans courage et sans énergie.

Que le ministère public, au nom de l'état, nous demande compte de ce passage, nous ne le désavouons pas; mais à l'égard de M. Rostand nous n'avons à nous justifier de rien.

Pour le moment, si M. le procureur-général nous interroge de son chef, l'accusation ne portant pas sur ce grief, nous nous bornerons à lui répondre : que d'autres journalistes, comme nous et pour le même délit, soient à la même barre.

Il ne me reste plus enfin que le dernier paragraphe; il est ainsi conçu :

« Votre député, électeurs du nord, sera M. Ber-
« ryer! Celui-là est marseillais, car il n'insulte pas
« à l'infortune de nos anciens rois; celui-là est mar-
« seillais, car il nous vengeait à Paris des calomnies

« amassées sur notre ville, tandis que d'autres nous
« insultaient dans nos propres foyers ; celui-là est
« marseillais, car il n'a pas de lâches paroles d'adu-
« lation pour le principe de désordre qui, depuis
« onze mois, bouleverse notre malheureuse France ;
« celui-là est véritablement dévoué aux intérêts du
« commerce, car il veut l'ordre, la paix, les droits
« de chacun, la liberté pour tous. Electeurs du nord,
« vous nommerez M. Berryer fils, ancien député ! »

1° Veuillez le remarquer, ce paragraphe ne contient pas un seul mot relatif à M. Rostand ; il n'est
consacré qu'à l'éloge de son compétiteur M. Berryer.

2° Nous y lisons : *celui-là est marseillais,* en parlant de M. Berryer qui est tout-à-fait étranger à Marseille, si ce n'est par ses sentimens : preuve nouvelle
que ce mot *Marseille* et *marseillais,* dans la pensée
de l'auteur, ne veut dire que *royalistes.*

3° Enfin, où donc se trouve encore ici l'injure dont
se plaint M. Rostand ? dans ces mots : *car il n'insulte
pas à l'infortune de nos anciens rois :* donc, dit la
partie civile, M. Rostand y est insulté.

Ce n'est là qu'une fausse conséquence contre laquelle nous protestons ; dans ce paragraphe, en effet,
tout est générique : M. Berryer y est comparé, non
plus à M. Rostand, mais à tous ceux d'une opinion
contraire à celle de l'auteur.

On a rappelé ici les reproches malheureusement
trop fondés qu'on adresse chaque jour à l'opinion dite
constitutionnelle, d'insulter nos anciens rois dans le
malheur, de se montrer adulateurs d'un gouvernement qui nous doit tant encore de tout ce qu'il
nous a promis, de parler d'ordre, de paix, de droits,
de liberté pour tous, et n'en vouloir que pour ses partisans.

Si jamais M. Rostand n'a insulté au malheur de
nos rois, pourquoi nous prête-t-il une pensée que

nous n'avons pas euc et que nos expressions ne comportent pas?

Il nous vengeait à Paris, tandis que d'autres nous insultaient dans nos foyers.

D'autres, au pluriel : donc on accuse plusieurs personnes de nous avoir insultés dans nos foyers, donc on accuse d'autres que M. Rostand ; autrement, en parlant de lui et de lui seul, l'auteur n'eût employé que le singulier : *tandis qu'un autre*, etc.

Enfin, M. Rostand, disons-le, est bien gratuitement généreux de se charger de ces accusations ; en quoi s'y reconnaît-il ? Nous déclarons, nous, n'avoir pas voulu le désigner ; il est demandeur, il accuse, la preuve est à sa charge.

J'ajoute qu'en cherchant péniblement ces interprétations M. Rostand se fait son propre accusateur bien plus sévère que nous ne l'avons été, bien plus que nous n'avons voulu l'être.

Maintenant, messieurs, c'est votre décision qui m'apprendra si j'ai rempli ma tâche ; car, malgré les efforts du ministère public et de la partie civile, la justification de l'écrit dont on nous demande compte était facile à faire, et si cette justification ne paraît pas complète à vos yeux, c'est moi, c'est moi seul qu'il en faut accuser.

Après la question préjudicielle, toute spéciale au sieur Olive, que l'on ne prouve pas avoir connu l'écrit sorti de ses presses, subsidiairement je crois avoir repoussé les considérations dont on veut se faire une arme contre nous.

J'ai établi, par des autorités et par la loi elle-même, que la presse doit être plus libre encore au moment des élections.

J'ai prouvé que la censure et le blâme des actes de l'autorité sont toujours permis ; que la loi, quand il s'agit d'un fonctionnaire public, ne considère comme outrage punissable que ce qui s'adresse directement à sa personne, et que l'accusation directe même est excusable et n'encourt aucune peine, si elle ne s'appuie que sur des faits véritables et que l'on prouve tels, fussent-ils diffamatoires.

Enfin, je crois avoir établi que, d'une part, l'écrit sorti de nos presses pour l'élection, rien que pour l'élection et contre la candidature de M. Rostand, ne renferme aucun outrage contre celui-ci, ni comme particulier, ni comme administrateur de la ville de Marseille ; que si nous avons blâmé les actes qu'il a faits en sa qualité d'homme public, ce n'a jamais été que dans la mesure légale ; que d'autre part aussi, nous avons prouvé la vérité de tous les faits allégués; que ces faits par conséquent pourraient être impunément diffamatoires autant qu'ils le sont peu.

Nous vivons dans un moment d'effervescence et d'erreur, mais la justice n'en a pas. Les passions nous ont poursuivis, mais leur bruit a dû s'arrêter aux portes de cette enceinte. Vous êtes juges et citoyens, messieurs les jurés; c'est à ce double titre que, dans l'intérêt de la société à laquelle nous appartenons tous, nous vous demandons justice et liberté !... Oui, messieurs, que ce mot dans notre bouche n'étonne ici personne; nous sommes aussi ses enfans et nous avons droit à ses faveurs. Qu'on ne se fasse pas de trompeuses illusions : il y a loin, bien loin de l'esclavage à la fidélité ; et si l'esclave, avilissant en lui la dignité d'homme, perd et déshonore cette liberté sainte, la fidélité, comme une vertu rare, la conserve au contraire et plus pure et plus belle.

Plaidoyer

DE Mᵉ DE LABOULIE FILS,

DÉFENSEUR DE LA GAZETTE DU MIDI.

Messieurs les jurés,

L'éloquente plaidoirie que vous venez d'entendre a fort abrégé ma tâche. Aucune partie de la cause n'a été négligée par mon honorable confrère : les principes les plus sacrés, les plus conservateurs de nos droits, ont reçu de lui une démonstration complète; je ne les discuterai donc pas de nouveau, car je dois me montrer économe de votre temps. Ainsi dès à présent et jusqu'à ce que l'accusation ait fourni une démonstration contraire, si la chose lui est possible, je tiendrai pour prouvé que la liberté de la presse doit être complète en matière électorale, que l'opinion publique l'a toujours jugé ainsi; et certes, s'il nous fallait des exemples de cette liberté pleine et entière, c'est dans le camp ennemi que nous irions les chercher, et ils ne nous manqueraient pas.

L'écrit qui vous est déféré, bien loin d'avoir dépassé les bornes de la liberté, s'est tenu bien en deçà. C'est une censure des actes d'un candidat, censure sévère si l'on veut, mais juste et constitutionnelle.

Nous espérons vous démontrer, messieurs, que l'accusation est une œuvre de délire, que rien ne la jus-

3

tifie, que c'est une attaque préméditée pour étouffer un organe importun.

Cette liberté pleine et entière que nous soutenons appartenir à la presse électorale compte d'illustres défenseurs dans les rangs de nos adversaires : les Benjamin Constant, les Foy, les Manuel, tous ces hommes qui ont acquis leur renommée sous les bannières de l'opposition ont tous soutenu ce principe, importun à la force, secourable à la faiblesse, que le pouvoir repousse et que l'opprimé réclame.

Quand un homme se présente à ses concitoyens revêtu de la blanche robe du candidat, n'est-il pas censé leur dire : *examinez ma vie et voyez qui je suis.* Que votre examen embrasse ma vie privée aussi bien que ma vie publique ; que pour vous mes foyers domestiques soient sans mystères ; interrogez les détails secrets de ma vie et voyez si je suis homme d'honneur, de même que vous rechercherez si j'ai toujours été un magistrat intègre ou un administrateur habile et sage.

Si on nous refuse le droit de censure et d'examen des candidats, que deviendra la représentation nationale ? Comment empêchera-t-on des hommes indignes, de vils intrigans de se glisser dans la chambre élective ? A-t-on vu jusqu'à ce jour un seul exemple d'une poursuite exercée contre l'usage du droit de la presse électorale ? Ne nous sommes-nous pas bornés d'ailleurs à l'examen des actes publics de notre adversaire ? Avons-nous dit que M. Rostand avait souillé la couche conjugale, ainsi qu'on n'a pas craint d'en accuser M. de Peyronnet ? l'avons-nous accusé d'avoir dilapidé la fortune publique, de se l'être appropriée, comme on l'a dit de M. de Villèle et de M. Dudon ? l'avons-nous traité de prévaricateur, comme on l'a fait avec tant de persévérance et d'impunité contre cet honorable magistrat que tous les hommes de bien sont heureux

de voir encore aujourd'hui à la tête du tribunal de
Marseille?

Que disiez-vous alors? Une voix qui aujourd'hui est
contre nous accusatrice nous tenait à cette époque un
langage bien différent : c'est volontairement, disait-
elle, qu'un candidat se présente aux suffrages de ses
concitoyens; monté sur les hustings du peuple, il doit
souffrir sans se plaindre les outrages et la boue du
parti opposé : la réponse lui est permise, la plainte
jamais. Vous, cependant, aujourd'hui vous vous
plaignez et ne répondez pas.

Et lorsque, novices encore aux choses constitution-
nelles, nous nous indignions de tant de diffamations
et de mensonges, la même voix nous citait l'Angle-
terre. Cette boue que le peuple jette aux candidats
qu'il ne veut point porter sur le pavois, Chatam, Fox,
Burke l'ont bravée, et leur gloire n'a point été salie,
nous dit-on. Nous reconnaissons que ces paroles
étaient vraies; mais Chatam, Fox et Burke se sont
bien gardés de venir tendre la main devant un tribunal et demander le prix de leur honneur outragé.

Le magistrat que j'ai cité ne fit point retentir ses
plaintes dans l'enceinte des tribunaux; il s'enveloppa
de sa toge et attendit, dédaigneux, que le temps eût
fait justice des méprisables reptiles qui sifflaient à ses
pieds; et vous, vous qui appartenez au parti qui disait
toutes ces choses, vous venez fatiguer les tribunaux
de vos plaintes, reconnaissant sans doute que nos reproches qui ont éclaté à vos oreilles ont frappé près
de votre cœur !

Mais, dites-le moi, hommes justes, ne pourrions-
nous point répondre à ces déserteurs de la vérité :
cette loi contre laquelle vous vous indignez aujour-
d'hui, c'est vous qui l'avez faite; cette âpre censure
qui vous révolte, c'est vous qui l'avez créée; vous riiez
et battiez des mains quand les fouets de la presse sil-

lonnaient des flancs ennemis; maintenant, *patere legem quam ipse tuleris :* souffrez et taisez-vous !

Mais quelle distance immense ne sépare point les attaques qui ne respectaient pas même les mystères du lit conjugal, de la censure modérée et constitutionnelle que nous avons faite non de la vie privée, mais de la vie publique de M. Rostand ! Dans cette lutte qu'on ose nous reprocher, avons-nous été agresseurs ?

Voici en quels termes un journal de l'opinion opposée à la nôtre parlait de notre candidat, de celui qui était opposé au collège du nord à M. Rostand :

« Voulez-vous un député qui, dévoué à la famille
« d'Holy-Rood, veuille préparer son retour même au
« prix de nouvelles révolutions, de la guerre civile,
« de la guerre étrangère? choisissez M. Berryer
« fils. »

Ainsi M. Berryer était accusé d'appeler de tous ses vœux, d'exciter de tous ses moyens la guerre civile, le plus grand malheur qui puisse affliger un pays; l'invasion étrangère, le plus insupportable affront qu'il puisse jamais subir; et c'était M. Berryer contre qui on lançait ces détestables accusations, Berryer que ses adversaires honorent, Berryer dont la voix généreuse fut toujours entendue avec respect par toute la chambre élective ! Et pourquoi ces attaques ? parce que M. Berryer avait donné à son roi exilé le secours de ses conseils pour la vente de ses biens (et vous savez, messieurs, si cette vente était devenue nécessaire). Berryer, pour une œuvre qui était pour lui un devoir, que Mauguin, le généreux Mauguin aurait acceptée avec empressement, qu'Odilon Barrot n'aurait certainement pas refusée, Berryer était représenté comme un homme qui voulait baigner la France dans le sang !

Dáns son numéro suivant le journaliste continue ses calomnies :

« Enfin., voulez-vous animer la lutte des passions
« et des partis pour qu'elle nous replonge dans l'a-
« narchie ou la guerre? nommez MM. Berryer, de
« Surville.... »

Messieurs, je ne me nomme pas le troisième (1).
Voilà par quelles attaques le parti de M. Rostand
cherchait à perdre trois citoyens dans l'estime publique.

Toujours les mêmes diffamations : Berryer appeler
la guerre civile ! Ne sont-ce pas des calomnies pareilles
que l'on jette sur un homme quand on veut le dévouer
à la vengeance des partis ? Et si M. Berryer fût venu
à Marseille au milieu de cette exaspération, au milieu
de cette déplorable lutte, qui oserait prévoir sans
frémir tous les malheurs qui pouvaient arriver?
Certes, ces persécutions continuelles, ces perfides
accusations n'effacent-elles pas d'avance les repré-
sailles dont on se plaint?

Ainsi la nomination d'un homme auquel ses adversaires les plus exaltés n'ont jamais pu refuser leur
respect ni leurs applaudissemens, de cet homme qui
n'a pas hésité d'abandonner son cabinet le plus beau
de Paris pour obéir à un mandat qu'il regarde comme
sacré, la nomination de Berryer est représentée
comme un scandale, et l'on ose parler de diffamation!

Mais que dis-je? le bris du scrutin, cet attentat
sauvage de la violence contre la loi, n'est-ce point à
Berryer lui-même qu'on a osé l'attribuer? Le crime
commis avec la plus inconcevable audace n'a-t-il pas
été défendu avec la plus rare impudeur? Ecoutez *le
Sémaphore* dans son numéro du 19 juillet :

---

(1) On n'a pas oublié que ce troisième candidat était M. de
Laboulie lui-même. Nos amis des lumières ont mis à sa place le
muet M. de Beaujour.

« En cas de succès, dites-vous, le scrutin eût été
« pareillement violé; qui vous autorise à l'affirmer?
« il y avait loin de la candidature de M. de Laboulie
« à la scandaleuse nomination de M. Berryer. »

La *scandaleuse* nomination de Berryer était donc
cause de tout ! Certes, en lisant ces mots on se sur-
prend à admirer la négligence de la justice qui n'a
pas mis Berryer à la tête des accusés de ce crime :
quelle pitié !

Enfin, dans le numéro du 18 juillet ne trouvons-
nous pas encore le passage suivant?

« M. Berryer a été mis en avant dans les élections
« par les carlistes comme une déclaration de prin-
« cipes, comme un brandon de discordes. Il ne s'a-
« gissait point d'un système politique à suivre sous le
« gouvernement actuel, mais bien de présenter
« l'homme qui s'était fait le défenseur du ministère
« Polignac, et qui s'avouait hautement l'agent d'af-
« faires de Charles x. M. Berryer l'a dit dans sa lettre
« adressée aux électeurs carlistes, et il a ajouté qu'il
« serait flatté d'être *le représentant du midi*. Que si-
« gnifient ces expressions? Comment M. Berryer, lors
« même qu'il aurait été nommé député à Marseille,
« aurait-il représenté tout le midi, à moins de sup-
« poser que M. Berryer se déclarait le chef de tous
« ceux qui dans le midi conspirent contre le trône
« de Louis-Philippe? M. Berryer ne paraît donc avoir
« eu pour mission que de chercher à renverser le
« nouvel ordre de choses pour y substituer la royauté
« d'Holy-Rood : c'était le drapeau blanc opposé au
« drapeau tricolore, c'était le signal de la guerre
« civile. »

Ainsi M. Berryer était un chef de conspiration, et
les 82 électeurs dont les suffrages étaient connus quand
le crime a brisé l'urne électorale étaient des conspirateurs ! Messieurs, s'il y avait eu à Marseille 82 chefs

de famille qui voulussent la guerre civile, ni M. Rostand ni ses cafés n'eussent pu l'empêcher.

Exciter à la guerre, appeler le fléau de la guerre étrangère et sans doute de l'invasion, être chef d'une conspiration flagrante et qui veut toutes ces choses, que vous en semble, messieurs? n'est-ce point là assez d'outrages, assez de calomnies?

Berryer a cependant gardé le silence, et M. Rostand, contre qui on ne s'est permis qu'une censure juste, modérée et constitutionnelle, M. Rostand a osé se plaindre; bien plus, il a osé demander en indemnité 60,000 fr.! Berryer n'avait rien demandé, car son honneur est à un autre prix.

Mais puisque j'ai parlé de conspirations, il est temps de dire ce que sont ces complots dont des hommes peureux et mal habiles ont quelquefois fait semblant de rêver l'existence, pour faire accroire aux simples qu'ils en avaient arrêté l'explosion. Toutes ces accusations, de quelque part qu'elles viennent, sont des mensonges et doivent être flétries comme tels. Les royalistes ne conspirent pas, ils attendent. Que le gouvernement remplisse toutes ses promesses, qu'il rende à l'agriculture les bras qu'il lui a enlevés pour leur donner des armes inutiles; qu'il donne à la presse la liberté qu'il a promise; qu'il réduise le budget à 500 millions, car c'est avec ce chiffre que sous la restauration nos hommes du pouvoir actuel ont dit qu'ils gouverneraient la France; alors leur trône populaire pourra se consolider par le bonheur du peuple. Mais, tant que l'ouvrier sera contraint de donner au fisc la moitié du pain qui ne lui suffit même pas pour nourrir sa famille, qu'on ne reproche point aux royalistes de tenir ce gouvernement à distance, ils ne lui doivent rien; mais ils attendent et ne conspirent pas.

J'ai atteint le but que j'avais annoncé : je vous ai

prouvé que si la liberté de la presse était sans limites au temps des élections, c'était parce qu'ainsi le voulaient les exigences de notre système représentatif; que c'était ainsi et dans le sens le plus large que nos adversaires l'avaient toujours mis en pratique, même dans les dernières élections, lors desquelles les calomnies dirigées contre M. Berryer avaient rendu nécessaire un examen sévère et consciencieux de la vie administrative de M. Rostand.

Prouvons maintenant que cet examen ne contient rien qui ne soit vrai; nous verrons plus tard s'il est diffamatoire.

« On vous a dit qu'il fallait que Marseille fût repré-
« sentée; et un candidat qui s'offrait d'abord au col-
« lége du sud, repoussé dans ce collége et par l'opi-
« nion révolutionnaire et par l'opinion royaliste,
« vient inopinément et en désespoir de cause vous
« demander vos suffrages. »

Si M. Rostand se montre offensé du fait qui est rappelé dans ce paragraphe, je le regrette ; mais je suis contraint de dire qu'il ne renferme que la vérité.

Oui, il est vrai que M. Rostand *s'est offert au collége du sud;* il est vrai encore qu'il en *a été repoussé* par les hommes du mouvement et par les royalistes; il est vrai, enfin, *qu'alors et en désespoir de cause* il a transporté sa candidature au collége du nord.

Voici en effet, messieurs, ce que nous lisons dans un imprimé électoral répandu avec profusion à cette époque par les amis de M. Rostand (1) :

« A l'annonce de cette candidature (celle de M.
« Rostand), l'irritation a été extrême dans le parti
« du mouvement, et pendant trois jours nous avons
« eu sous les yeux le spectacle des moyens que ce

_____

(1) Cet écrit ne portait le nom d'aucun imprimeur : messieurs du juste-milieu ne sont pas tenus d'exécuter la loi.

« parti tient en réserve pour les momens de détresse.
« Dans les cercles, dans les lieux publics, déclama-
« mations violentes, menaces de révolte et d'insur-
« rection armée ; dans les journaux, injures, calom-
« nies contre tout ce qui a tort d'avoir une autre
« opinion que la leur.

« Le caractère de M. Rostand lui-même n'a pas été
« épargné. On le représente comme un vil salarié,
« sans indépendance, sans loyauté. Nous connaissons
« l'auteur de cette polémique coupable : il tient de
« près à M. Reynard.

« Quoi qu'il en soit, abreuvé de dégoûts, M. Rostand
« s'est désisté de sa candidature au sud ; magistrat
« chargé de la tranquillité publique, il a cru devoir
« faire à cette tranquillité le sacrifice d'une candida-
« ture dont le succès était assuré.

« Ainsi l'homme le plus capable de représenter
« notre ville, qui depuis 30 ans a fait une étude
« approfondie et de ses intérêts et de ses besoins, le
« seul qui par son caractère et son talent peut les
« faire prévaloir, Marseille doit en être privée parce
« qu'ainsi le veut le parti du mouvement : c'est devant
« les menaces qu'il a reculé. »

Cette pièce prouve la vérite de toutes nos assertions;
mais elle dit plus encore, elle nous apprend que M.
Rostand a été à ce sujet traité de *vil salarié*, d'homme
sans loyauté, sans indépendance ; et cependant M.
Rostand ne s'est pas plaint !

Ainsi, M. Rostand, être traité de *vil salarié* ce n'est
donc point à votre avis recevoir une injure; être appelé *homme sans loyauté et sans indépendance,* ce
n'est donc point une diffamation, ce n'est pas contre
vous une calomnie; serait-ce donc une vérité? car,
enfin, toutes ces choses ont été imprimées sur votre
compte, et vous vous êtes tû.

Que si, comme vous le devez faire, vous criez à la

calomnie, alors nous demanderons pourquoi vous avez poursuivi la *Gazette*, qui n'en avait pas dit autant.

Magistrat impartial, vous avez donc deux poids et deux mesures; citoyen courageux, vous avez attaqué le faible, et devant le parti audacieux vous avez courbé votre front humilié!

« Electeurs, ce n'est pas tout que d'être maire de « Marseille, marseillais même par sa naissance, si « on ne l'est pas de sentiment. Représenter une ville « c'est répondre aux opinions de l'immense majorité « de ses habitans, et vous vous rappelez tous avec « quelle inconcevable imprudence M. Rostand a « froissé, heurté, contristé l'opinion royaliste de « Marseille. Ses actes administratifs, ses arrêtés, ses « proclamations, ses allocutions dans les cérémonies « publiques, tout porte un caractère d'hostilité à la « véritable Marseille. »

Pour sentir toute la justesse des reproches contenus en ce paragraphe, il faut se pénétrer de cette vérité que la majorité des habitans de Marseille est royaliste, dans la vieille signification de ce mot; que, pour l'auteur, la véritable, la seule Marseille est par conséquent celle qui s'est conservée fidèle à cette opinion, celle qui a vu avec douleur tomber la dynastie exilée, qui la regrette et pense que mieux qu'une autre elle pouvait faire et faisait le bonheur de la France; qui, enfin, allie ces sentimens avec l'obéissance passive qu'elle ne dénie point au gouvernement qui l'a remplacée. On conçoit alors que dire à M. Rostand qu'il n'est point marseillais, ce n'est point lui adresser une injure, car c'est lui dire qu'il n'est pas légitimiste, et assurément il n'a plus depuis long-temps la prétention de l'être.

Quant à ce fait que la majeure partie des habitans de Marseille appartient à l'opinion dont la *Gazette* est l'organe, il ne peut y avoir de doute depuis que *le Sémaphore* et *le Garde National* lui-même ont été contraints d'en convenir. Il est vrai que ces journaux ont pris le soin de composer cette majorité des classes les moins éclairées : à eux, ont-ils dit, toutes les notabilités d'intelligence et de richesse ; à nous le portefaix, le pêcheur, la revendeuse, à nous le peuple enfin. Et ils nous ont cru les plus mal partagés ! Ah ! puissent-ils avoir dit vrai ! Que ce peuple qu'ils dédaignent soit avec nous et nous en serons fiers, nous qui savons que des cœurs nobles battent souvent sous des habits grossiers et, qui nous rions de pitié de voir des journaux populaires penser et dire que le peuple est au dessous d'eux.

M. Rostand n'est point de l'opinion de la majorité des habitans de la ville de Marseille, il n'est donc point marseillais ; cette opinion, il l'a froissée, contristée autant qu'il a été en lui. Il a cru remplir un devoir, mais ce n'est point à nous à l'en récompenser ; et ce factum électoral n'était écrit que pour les royalistes, par qui ne pouvait point sans doute être approuvée une conduite qui était si hostile à leurs sentimens.

Pour la justification des faits avancés dans l'écrit, mon confrère m'a laissé peu de chose à dire : il vous a prouvé par des pièces officielles, ouvrage de notre adversaire, que l'auteur n'avait rien avancé que de véritable ; mais il est un point qui ne se rattache pas à la défense de son client, et que pour cette raison mon confrère n'a pas abordé.

On nous a dit hier : Si vous avez attaqué M. Rostand, c'est qu'il était maire de Marseille et que vous êtes les ennemis de tous les fonctionnaires. Autrefois vous aimiez, vous respectiez M. Rostand ; vous ne l'aimez plus depuis qu'il a été investi de la confiance du gouvernement. Erreur ! M. le général Gazan n'est pas royaliste, il n'est pas notre ami ; M. Thomas se présentait à nous avec le cruel souvenir de cette adresse qui prépara la chute du trône, les préventions les plus défavorables l'accueillaient à son arrivée à la préfecture; eh bien, cherchez dans la *Gazette du Midi* des attaques, des censures contre M. Gazan et contre M. Thomas. M. Rostand a été remplacé à la mairie de Marseille par M. Consolat : ce magistrat était inconnu à notre ville, vingt ans de sa vie s'étaient écoulés en Russie où son commerce l'avait appelé, aucun souvenir ne pouvait nous disposer en sa faveur; avons-nous blâmé M. Consolat?

Qu'on cesse donc de dire que la *Gazette* ne vit que de diffamation, qu'on sorte enfin de ce cercle d'injures qui à chaque procès déparent l'accusation ; un seul mot expliquera la différence de notre conduite : les trois fonctionnaires que nous venons de citer n'ont jamais refusé protection à personne, M. Rostand a voulu n'être que le maire d'un parti.

(M. Rostand interrompt l'avocat en lui criant : *citez des actes !* M. de Laboulie, se tournant vers lui avec calme : Monsieur, hier j'ai écouté pendant trois heures votre avocat sans l'interrompre; veuillez avoir pour la défense le même respect que j'ai eu pour l'accusation.). Il reprend :

On veut que nous citions des actes, nous nous conformerons à ce désir, quelque pénible qu'il soit pour nous de prolonger une discussion qui n'eût jamais dû être soulevée; mais quand on m'a interrompu, je n'avais pas tout dit encore : il me restait à vous donner la preuve que non seulement les royalistes de Marseille n'ont point été hostiles à M. Rostand avant qu'il se rendît hostile envers eux, mais que jusqu'alors ils avaient toujours pris à tâche de l'entourer de respect et d'honneur : je ne citerai qu'un exemple, je le choisis sur mille.

Vous avez sans doute souvenir des élections de

1827 ; vous savez qu'à cette époque le parti libéral se
montrait déjà formidable : il y avait dans le camp
royaliste inquiétude et irritation. Depuis plusieurs
années M. Rostand s'était uni au parti libéral ; néan-
moins des deux parts des sollicitations lui furent
faites pour qu'il acceptât la députation, et sur son
refus il fut nommé membre du bureau définitif *à l'u-
nanimité* des suffrages. Le combat cependant fut vif et
les royalistes l'emportèrent.

Qui à cette époque eût pu croire que quatre années
plus tard, reculant devant un jeune homme au collége du sud, vaincu par un étranger au collége du
nord, M. Rostand se croirait obligé de traîner devant
une cour d'assises la majorité de ses concitoyens pour
les contraindre à lui rendre cette considération qui
autrefois courait d'elle seule au-devant de lui ?

Les royalistes n'étaient donc pas hostiles à M. Rostand ; par sa faute seule ils le sont devenus. Parcou-
rons, puisqu'on le demande, cette série d'actes im-
prudens qui ont occasioné cette triste métamorphose.

Vous souvient-il, messieurs, d'une proclamation
acerbe qui, en août 1830, vint étonner les habitans
de Marseille, qui apprirent de la bouche du général
Delort que leur ville qu'ils croyaient si tranquille
avait cessé de l'être? Eh bien, dans leur surprise dou-
loureuse, les marseillais tournèrent alors leurs re-
gards vers le maire, leur défenseur-né, et M. Rostand
répondit à leur attente par une proclamation au
moins aussi injuste et qui leur parut plus dure encore
dans sa bouche que dans celle du soldat.

« Marseillais,

« Quelques *hommes coupables* cherchent à troubler
« la tranquillité dont nous jouissons, et *répandent*
« *des bruits sinistres.*

« Instrument d'une faction qui n'a d'espoir que
« *dans l'asservissement et le malheur de notre patrie,*

« ils propagent des nouvelles absurdes *dans le but*
« *d'inquiéter* une population laborieuse et de l'ar-
« racher à ses paisibles travaux.

« Le bon sens public a fait justice de ces *honteuses*
« *machinations;* les citoyens eux-mêmes livrent les
« coupables à l'autorité. Justice sera faite. »

Vous remarquerez sans doute, messieurs, le ton affir-
matif qui règne dans cette pièce déplorable; eh bien,
ces coupables livrés par les citoyens, ces tribunaux
investis, cette conspiration, enfin toutes ces choses
n'étaient que les rêves d'une imagination malade. Ces
coupables on ne pourrait les nommer et l'on ne saurait nous dire quels sont les tribunaux qui ont pro-
noncé sur cette affaire, quels arrêts ont été rendus.

Ce n'est pas tout, messieurs; lisons encore cet ordre
du jour du 27 décembre 1830, cette pièce vraiment
inexplicable :

« Les criminels projets que *les ennemis de notre*
« *tranquillité* avaient osé concevoir et préparer à
« Marseille et dans la capitale ont complètement
« échoué, ici comme ailleurs, dans la nuit du 24 au
« 25 de ce mois. En vain *une poignée de malveillans,*
« aidés de quelques fanatiques, s'étaient promis de
« réaliser, dans l'ombre et les ténèbres dont ils aiment
« à se couvrir, *des complots funestes* qui depuis cinq
« mois sont devenus comme leur idée fixe. L'épreuve
« décisive dans laquelle ils avaient placé leurs espé-
« rances dernières n'aura produit pour *eux que de*
« *la honte :* puisse-t-elle aussi leur avoir inspiré du
« repentir ! »

Après cela, que M. Rostand se plaigne de ce que
nous l'avons accusé de nous avoir prêté des conspirations !

Combien avait été différente, dans un temps au
moins aussi difficile, la conduite de ce magistrat que
la mort vient de ravir à l'estime publique ! M. Ray-

mond était dans les cent-jours maire de Marseille :
ses proclamations, ses discours n'étaient point sans
doute remplis des louanges du monarque exilé, mais
il n'y insultait point à son infortune. Un général et un
préfet, dévoués au gouvernement impérial, surveil-
laient sa conduite; une soldatesque insolente avait
planté son camp au centre de la ville et l'avait garni de
canons. Dans ces pénibles conjonctures, M. Raymond
divisa-t-il ses administrés en catégories pour froisser,
contrister les uns et ne protéger que les autres ? Ne le
vit-on pas au contraire, toujours à la tête de ses concitoyens, être partout où il y avait du bien à faire, du
mal à empêcher ? Quel est le marseillais qui peut parler de cette époque sans rappeler à sa mémoire que
plus d'une fois, aidé du brave et loyal général Mau-
point, ce courageux magistrat a épargné à la ville
d'horribles malheurs ?

C'est en se conduisant ainsi qu'un homme fait ho-
norer son nom; c'est ainsi qu'il obtient de perpétuer
sa mémoire dans l'estime de ses concitoyens, qu'il ac-
quiert une gloire durable, que ne donnent point les
applaudissemens toujours trop chèrement achetés
d'une jeunesse inconstante et oublieuse.

Je terminerai ici, messieurs, cette partie de ma
défense; je ne cherche point les paroles qui offensent,
j'aime mieux que mon adversaire trouve que je ne dis
pas tout, que j'oublie quelques-uns de ces actes que
tantôt il me demandait. Cet oubli volontaire me convient mieux qu'une exactitude acharnée; car, en
pensant au respect que méritait ce vieillard qui m'attaque, en comptant les feuilles de chêne que j'ai déjà
ravies à sa couronne, je crains de n'en avoir que trop
dit.

Passons à une discussion moins pénible, et voyons
si réellement la pièce dont il a porté plainte est inju-
rieuse et diffamatoire : dans cette partie de ma cause

je marcherai plus libre, car je n'aurai point à blâmer.

La loi distingue la diffamation de l'injure; elle les définit : diffamation, toute allégation ou imputation d'un fait qui porte atteinte à l'honneur ou à la considération d'une personne; injure, toute expression outrageante ou terme de mépris.

(L'avocat lit de nouveau chaque paragraphe de l'écrit inculpé, et prouve que dans aucune phrase ne se trouve l'imputation *du fait* nécessaire pour établir *la diffamation*, ni l'expression outrageante ou le terme de mépris qui eussent constitué le délit *d'injure*. Il termine ainsi cette partie de son discours) :

Vous le voyez, messieurs, et le caractère de cet écrit est désormais incontestable; il ne s'écarte nullement des convenances parlementaires : c'est un jugement qui a été porté sur la conduite administrative de M. Rostand, un jugement et non une diffamation, mais un jugement empreint d'un blâme sévère et bien mérité; car les citoyens ont le droit de départir à leurs magistrats le blâme ou la louange : ils le jugent de leur vivant.

Une susceptibilité extrême et bien irréfléchie a donc seule poussé M. Rostand à se plaindre d'un écrit qui n'a rien de coupable; mais cet écrit fût-il criminel, ne devrions-nous pas nous étonner encore de ce que c'est sur nous que M. Rostand épuise sa colère, nous simples instrumens dont l'auteur est connu?

M. Barras s'est avoué l'auteur de cet écrit; pourquoi n'est-il pas devant vous? Qui voudra croire à l'étrangeté des raisons que M. Rostand a données pour excuser son apathie contre lui, son acharnement contre nous?

M. Barras, nous a-t-on dit, est sans consistance politique; mais quoi! pour se rendre coupable de diffamation faut-il donc de toute nécessité avoir une grande importance? La fange qui nous est lancée d'en bas souillerait-elle moins que celle qui vient d'en haut? Mais si consistance politique *c'est fortune*, et les 60,000 francs que vous demandez nous le prouvent assez, quel nom donner à ces poursuites qui dédaignent le coupable peu fortuné pour s'acharner sur des instrumens dont l'aisance est le seul crime et qui, comme le proscrit de Sylla, pourraient dire que c'est leur fortune qui fait leur malheur? Quels juges ne rougiraient point de prêter les mains à un semblable négoce?

Ainsi l'écrit fût-il criminel, il ne saurait être puni, car le vrai coupable n'est pas devant vous; M. Rostand n'a point osé le poursuivre, et la *Gazette du Midi* ne peut être considérée comme son complice, sans un renversement de tous les principes de la justice et de la raison.

La loi appelle complices ceux qui ont aidé ou assisté les auteurs du délit, dans les faits qui l'ont préparé, ou dans ceux qui l'ont consommé.

La loi appelle délit consommé celui qui réunit tous les caractères de criminalité qui le constituent.

Un délit de diffamation commis par la voie de la presse est par conséquent consommé quand l'écrit diffamatoire est imprimé et publié; car l'impression et la publicité sont les deux caractères qui le constituent.

Pour être complice de ce délit il faut donc avoir aidé à la consommation, et lorsqu'elle est complète il n'y a plus de complicité possible; la loi et la raison s'accordent à le vouloir ainsi.

Appliquons ces principes à la question qui nous occupe. Quand a été consommé le délit dont se plaint M. Rostand? le 5 juillet, jour de sa publication. Quand ont été publiés les articles qu'il accuse de complicité? quinze jours au moins après la consommation du délit.

Quinze jours après le délit il n'y avait plus de complicité possible.

4

Mais, nous dit-on, la *Gazette* s'est approprié la diffamation. Qu'entendez-vous dire par là? est-ce qu'elle l'a répétée? vous vous trompez, car elle n'a reproduit le factum électoral ni dans son entier ni dans aucune de ses parties. Est-ce qu'elle l'a approuvé? eh bien, se rend-on complice de ce que l'on approuve? Alors détruisez la loi et, la refaisant à votre guise, dites : seront complices non plus ceux qui auront aidé et assisté, mais ceux qui auront approuvé. Tant que la loi n'aura point été ainsi changée, vous la violez par votre accusation.

Mais nos adversaires insistent et soutiennent que la *Gazette* a étendu la diffamation; erreur qu'un seul mot réfute : la *Gazette* n'a pas reproduit l'écrit incriminé.

Comment serait-il donc possible que sans rappeler l'écrit diffamatoire on propageât la diffamation? Ceux qui liront dans la *Gazette* qu'elle approuve cet écrit, qu'elle le trouve juste, constitutionnel et parlementaire, car le journal n'a pas dit davantage, s'ils ne connaissent pas l'écrit, pourront-ils dans ces phrases, véritables énigmes pour eux, trouver une injure ou une diffamation?

En vérité, il y a à soutenir ces choses un excès de déraison que l'imagination ne saurait comprendre, et qui s'explique à peine par le besoin que certaines gens éprouvent de détruire un journal dont ils redoutent la franchise et l'indépendance.

Voici, messieurs, ces deux articles si singulièrement accusés de complicité; leur simple lecture vous convaincra de la vérité de ce que je viens de vous dire :

« Nous leur répétons, enfin, qu'il est faux qu'aucun
« pamphlet diffamatoire, calomnieux ou atroce,
« comme le dit avec tant d'urbanité le *Journal des*
« *Débats*, ait été répandu contre le maire de Mar-
« seille. Au surplus, ce prétendu libelle on a pu le
« lire à Paris dans le *Journal de Commerce*, et nous

« espérons que sa publication fera cesser désormais
« toutes les impostures dont il a été l'occasion. Que
« si l'on prétend s'en faire une arme, ce sera nous qui
« en parlerons, et qui phrase par phrase prouverons
« qu'il n'a contenu que la vérité. »

Eh bien, cette promesse nous venons de la remplir.

« Nous sommes las d'entendre répéter les expres-
« sions d'*ignoble* et *dégoûtant* pamphlet, à propos de
« l'écrit tout parlementaire publié le 5 juillet sur
« la candidature improvisée de M. le maire au col-
« lége du nord. Nous portons le défi à nos adversaires
« d'en citer une seule phrase qui soit diffamatoire ou
« calomnieuse. Il y aurait long-temps qu'ils l'auraient
« imprimé dans leurs journaux, si cet écrit portait le
« caractère qu'ils s'efforcent de lui attribuer. Le men-
« songe et la calomnie sont toujours de leur côté :
« ce n'est point avec de pareilles armes que les roya-
« listes leur ont fait la guerre.

« Le but de ces mensongères assertions est du reste
« évident : ils veulent un prétexte pour justifier leur
« attentat du 6 juillet. Qu'ils ne comptent pas sur
« cette arme, elle se brisera dans leurs mains ! Ce
« prétendu pamphlet qui ne contenait rien qui ne
« reposât sur des faits incontestables vingt fois im-
« primés déjà, mais réunis ici sous une forme concise
« et énergique, et telle qu'il le fallait pour ouvrir les
« yeux aux plus aveugles; ce prétendu pamphlet qui
« ne pouvait être livré au public que le 5, puisque
« la candidature de M. le maire ne datait que du 4,
« ce pamphlet sera lu, s'il le faut, à la chambre des
« députés lorsqu'elle sera appelée à juger les excès
« du 5 et du 6, et à casser l'élection du 8.

« Quant à nous, si nous ne l'avons pas réimprimé
« dans notre feuille, on devrait nous en savoir gré ;
« mais si l'on continue d'en accuser et les intentions
« et les expressions, nous les ferons connaître à la
« France entière. »

Reportons-nous, messieurs, à l'époque où cet article venait d'être publié. Le bris du scrutin avait eu lieu, il fallait un prétexte, les carlistes étaient là; et vous le savez, si la résistance et le mouvement ne sont pas d'accord, s'il fait beau temps quand on voudrait avoir de la pluie, et de la pluie quand il faudrait du beau temps, ce sont les carlistes qui en sont la cause: on n'hésita pas à déclarer que les carlistes étaient la cause du bris du scrutin.

Il fallait rattacher à quelque chose cette étrange assertion. L'écrit de M. Barras se trouva là fort à propos, et la généreuse jeunesse de Marseille, qui deux jours auparavant avait chassé M. Rostand du collége du sud, s'empressa de lui prouver le tendre intérêt qu'elle lui portait en déclamant avec fureur contre l'écrit dans ses journaux, et plus tard encore dans le discours que M. Reynard prononça à la tribune.

L'auteur devait répondre à ces attaques, à ces absurdes et dangereuses accusations; il dut s'adresser à la *Gazette*, au journal de son opinion. Les autres feuilles, d'ailleurs, n'auraient pas admis sa réponse. La *Gazette* l'admit et se prêta à défendre celui que l'on poursuivait avec tant d'acharnement. M. Rostand, qui avait jusques alors abandonné l'écrit, se ravisa quand il vit qu'il pouvait attaquer la *Gazette*: c'était une bonne occasion, il ne la laissa pas échapper.

Ainsi, M. Rostand, *cet abominable pamphlet* qui le jour de sa publication vous avait semblé innocent à vous-même, vous parut coupable quand vous pûtes espérer qu'en le poursuivant vous frapperiez aussi cette *Gazette du Midi* qui vous était si importune: détruire ce journal avait été votre première pensée lors de son apparition, ce fut encore ce motif qui vous décida à intenter le procès; et si vous vous obstinez à le poursuivre, c'est encore cette espérance qui vous soutient et vous excite.

Mais comment ne voyez-vous pas que le rôle que la

Gazette avait pris dans vos discussions avec Olive était un rôle que vous deviez respecter, car c'était celui de défenseur. Vous avez imprimé dans tous vos journaux, vous avez fait dire à la tribune que cet écrit était *un pamphlet infâme*, digne du mépris de tous les gens de bien ; et vous n'avez pas compris que l'auteur avait besoin de se défendre devant le tribunal de l'opinion publique devant lequel vous le traîniez. Les principes de justice vous sont si étrangers, que vous vous êtes indigné de ce que l'homme que vous vouliez accabler avait osé élever la voix pour se défendre et avait trouvé un organe pour faire entendre ses paroles. Votre colère alors n'a plus connu de bornes : écrit et défense, vous avez tout attaqué ; et pour satisfaire votre aveugle ressentiment, vous venez demander aujourd'hui qu'on bouleverse tous les principes de la justice, toutes les règles de la raison !

Eh bien ! pourquoi vous arrêter ? pourquoi ne pas suivre jusqu'au bout votre noble carrière ? pourquoi ne point oser m'attaquer ? Comme la *Gazette*, je dis que l'écrit dont vous vous plaignez ne contient que des choses vraies, que des censures méritées ; je dis comme elle qu'il est juste, constitutionnel et parlementaire. Vous entendez ces choses et je les dis assez publiquement, osez m'attaquer !

Comme je défends aujourd'hui, elle défendait alors ; comme je parle devant un tribunal respecté, elle parlait devant le tribunal de tous le plus sacré, celui de l'opinion ; elle a fait ce que je fais ; ce qu'elle a dit, je le dis : si je suis innocent, elle ne saurait être coupable.

J'ai fini, messieurs, la défense de la *Gazette ;* et, malgré l'importance de cette affaire, vous allez voir qu'il est facile de la résumer en peu de mots.

La liberté de la presse en matière électorale est nécessaire et ne doit pas connaître de limites. Nous avons usé de cette liberté, mais sobrement, avec modération et sagesse. L'écrit ne contient ni injure ni diffamation ; et si, après l'avoir négligé d'abord, on nous a traduits devant vous, c'est que nous sommes plus riches que l'auteur. La *Gazette du Midi* est accusée de diffamation : a-t-elle allégué contre M. Rostand un seul fait diffamatoire? est-elle complice, a-t-elle par son article préparé des faits qualifiés de délits? en a-t-elle assisté l'auteur? Non, car elle n'a parlé de l'écrit que trois semaines après. A-t-elle au moins répandu la diffamation? Non, car elle n'a pas même reproduit l'article.

J'espère, messieurs, que la défense de la *Gazette* aura satisfait vos consciences, et que vous aurez reconnu que c'est être trop susceptible que de vouloir, quand on monte sur les *hustings*, n'être couvert que de louanges, même de la part de ses contradicteurs.

Maintenant, messieurs, ma tâche serait terminée si l'accusation n'avait, en désespoir de cause, cherché des armes peu loyales dans un article d'avant-hier.

Faut-il encore entamer une discussion pour vous démontrer que dans son numéro du 9 la *Gazette* annonçant qu'elle en appellerait à l'opinion publique de votre verdict de condamnation, elle a dit une chose qu'elle pouvait dire, qui n'est outrageuse pour personne? car nul ne peut arracher de notre ame le sentiment de notre innocence.

Toutes ces choses ne sont-elles point d'une évidence telle qu'il suffit de les énoncer? et la faiblesse de l'accusation n'est-elle pas démontrée par les moyens qu'on vient de mettre en usage pour la soutenir?

Certes, messieurs, vous pouvez nous condamner, nous le savons, mais, encore une fois, vous ne pouvez nous ravir le sentiment de notre innocence. Condamnés que nous serions, criant sous le coup qui nous frapperait, nous pourrions encore vous dire : vous vous êtes trompés, nous sommes innocens, et vous appeler au tribunal de l'opinion publique.

. Messieurs, l'accusateur a voulu faire un appel aux passions. Il vous a estimés assez peu pour vous exciter à la vengeance. Vous la repousserez, messieurs; elle n'est pas digne de vous, car elle n'est pas la justice.

——————

Après le plaidoyer de M⁰ Laboulie, M. Rostand prend la parole. Il affirme que le 30 août des arrestations avaient été faites, et que si la justice n'a pas cru devoir les maintenir, ce n'est pas sa faute. Quant à la conjuration du 25 décembre, M. Rostand rappelle les désordres de Paris et les avis venus de cette capitale, et qui portaient de se défier d'un mouvement pour la nuit du 24 au 25. Enfin, il nous fait un précis de son démêlé avec M. le vicaire-général Tempier au sujet de la messe de minuit.

Après cette apologie de ses actes, M. Rostand fait un long détail des divers emplois dont il a été successivement revêtu depuis 1804; il en résulte qu'il a été quatorze fois juge au tribunal de commerce, cinq fois président, je ne sais combien de fois intendant de la santé, et il termine cette longue énumération par ces mots :

« Je viens d'exposer mes titres à la confiance publique, maintenant que M. Olive expose les siens. »

M⁰ de Laboulie se lève :

Messieurs, dit-il, M. Rostand a déplacé la question. Nous ne voulons pas attaquer ses services. Il nous a exposé tous ses titres et sommé M. Olive de présenter les siens; que font à l'affaire les titres des deux parties? M. Rostand nous accuse, qu'il présente ses preuves; que son nom soit illustre, que celui de l'accusé soit obscur, qu'importe à la justice?

M. Rostand nous a ordonné de citer ses actes, nous croyions l'avoir fait. Sa proclamation du mois d'août est aussi forte que celle du général Delort; elle l'est davantage si l'on considère la différence des professions. Sa conspiration du 24 décembre fait rire les petits enfans, et cependant elle fut l'occasion d'une proclamation foudroyante.

M. Rostand a prétendu qu'il ignorait que deux partis existassent dans Marseille. Certes, s'il l'avait ignoré, il eût traité tous ses administrés de la même manière, et l'injustice de ses préférences n'eût pas rendu plus insupportables encore ses rigueurs envers nous. Si M. Rostand eût voulu ignorer qu'il y avait un parti

vaincu, la ville eût été plus tranquille et sa magis-
trature plus honorée.

Il nous reproche le nom de *légitimistes ;* mais les
partis ne choisissent pas leurs titres, ils les reçoivent
presque toujours de leurs adversaires. En 1790 on ap-
pela les révolutionnaires des *sans-culottes,* et ils ac-
ceptèrent cette dénomination ; aujourd'hui on nous
appelle *carlistes,* hier on nous donnait le nom de
légitimistes, d'*henriquinquistes,* nous avons accepté
toutes ces dénominations que quelques insensés cher-
chaient à rendre dérisoires, ignorant qu'un nom que
plusieurs millions d'hommes acceptent n'est jamais
ridicule. Nous croyons que la dynastie tombée était
utile à la France, que jusqu'à ce jour le pouvoir actuel ne l'a pas été au même degré ; nous nous sommes
donc mis dans l'opposition, et les légitimistes ne sont
que des opposans ; ils sont les plus nombreux à Marseille, ils cherchent à faire prévaloir leurs doctrines
par les voies légales : qu'y a-t-il là d'extraordinaire ?

On vous a dit que M. de Montgrand avait été plus
sévère que M. Rostand ; on a cité Rabbe et Germain.
On s'est trompé : Rabbe fut acquitté.

Me Defougères, interrompant : Après des persécutions inouïes.

Me de Laboulie continue : Si des persécutions
inouïes sont un titre à l'indulgence, la vôtre est due à
la *Gazette,* qui est à son dixième procès.

Au surplus, contre Rabbe et Germain M. de Montgrand n'a pas demandé cinq centimes de dommages-
intérêts : que M. Rostand imite cet exemple.

Après ce discours et le résumé de M. le président, les jurés entrent
dans la salle de leurs délibérations. Ils reviennent, déclarent les
deux accusés coupables, et la cour condame M. Olive à 15 jours de
prison, 300 fr. d'amende et 1,000 fr. de dommages-intérêts ; et
M. Fourteau, gérant de la *Gazette du Midi,* à un mois de prison,
600 fr. d'amende et 1,000 fr. pour M. Rostand.

Imprimerie de Marius OLIVE, sur le Cours, n° 4.

www.ingramcontent.com/pod-product-compliance
Lightning Source LLC
Chambersburg PA
CBHW050543210326
41520CB00012B/2693